HOST
COVID-19 x 2

MICHAEL H. NIELSEN

HOST

COVID-19 x 2

HOST

1. udgave 2020

© 2020 Nielsen, Michael H.

Forlag: BoD – Books on Demand, København, Danmark

Tryk: BoD – Books on Demand, Norderstedt, Tyskland

ISBN: 9788743018100

Bagsidefoto: By Sunroad

En særlig tak til: Dig

| COVINOLIVO-20 |

Tanker under corona-sundhedskrisen
tilsat tvivlen, kærlighed til livet,
friheden og et glas rødvin.

Tavshedens pingviner

Vi gør som Mette, Søren og Magnus siger
Rykker ind på små rækker
små skridt
tror på alt
Frygten retfærdiggør udskamningen
kigger ikke til højre
kigger ikke til venstre
Tavshedens rungende javel
kigger ikke op
kigger ikke frem
Frygtens kulde holder os i march
tænker ikke
taler ikke
Ryk sammen hver for sig

Corona, dit egoistiske røvhul

Du kom snigende
fra ukendt kinøjser-mørke
du stod på ski
vandrede mellem rejsehungrende mennesker
videre til den næste grænse
Du efterlod dig stilhed
Stilhed af lukkede samfund
Som en uindbudt grænseoverløber
der ikke har bestået integrationsprøven
viser du fællesskabets sårbarhed
Du lod italienerne stå alene
og udstillede EU som egoets sandkasse
Folkets magt vekslet til politisk uvidenhed
Trump og Johnson viste demokratiets idiotisme
Coronarcissismes plads i historien
Fy for H, du er væmmelig

Lærdommens hav

Vi kastes rundt på epidemiens oprørte hav
Brusende bølger af angst
Stormvinde af død
Alle er klogeste
Ingen har løsningen
Stormen lægger sig i takt med at verden lukkes
Verdensledernes kyniske benægtelse viser vores
utilstrækkelighed
Pandemiens angst indfries med accept af dagens dødstal
Dødens ensomhed viser vores sårbarhed
Medicinalvirksomhedernes økonomiske race udstiller
magtesløsheden
Statsledernes løgne viser livets perspektiver
Er vores næste stemme også livets stemme
Er demokratiets lim stærk nok
Jeg er måske naiv, men jeg tror stadig på mennesket

Demokratiets flag på halvt

Når jeg ser et rødt flag knække
Når jeg ser de røde håndjern smælde
På en mennesketom dag
Har vi intet at fortælle
Om min verden, mit folk og vores sag
Jeg rejser mig trodsigt i aftenlyserøde
Mens det kogler af mod i min kraft
Thi det mod, der nu smælder, ender med en bøde
I dens folder er fremtiden glemt

Tankernes isolationscelle

Lukkede døre
Lukkede mennesker
Lukkede samfund
Lukkede grænser
Lukkede verden
Åbne ensomme hjerter

Eksperternes og tvivlens magt

Stillestående hjul
Nedkølet samfund
Lovgivningens brutale dans på menneskerettigheder
Frosset menneskehed
Tavshed tavshed tavshed
Nedslåede blikke som limet til asfalten
Usikkerhedens flakkende blikke
Frygtens afmægtige afstandsblikke
Take-away-soldaternes elcykler bryder byens tavshed
Må ikke
Må måske

Frygtens marionetter

Hold dig hjemme
Hold afstand
Hold til højre
Hold til venstre
Hold ikke om hinanden
Hold sammen alene
Hold op
Hold ud
Hold NU kæft!

Post Traumatisk Corona Stress Syndrom

Styret af politikernes famlende magt slukkes samfundet
Hamstre ikke
Host ikke
Skærmeksperternes nye covidiotiske regime
Tag din temperatur
Kram ikke
Er sidegevinsten, at vi ikke skal slukke din respirator
Hold dig væk
Spørg ikke
Patient zero er en løgn
Host i ærmet
Vi ved bedst
Uvishedens galge om fremtidens hals
Hvem betaler
Grænsernes fængsel
Er hovedpræmien, at du kan beholde dit arbejde
Sprit dine hænder
Hold dig væk fra din læge
Giver politikernes famlende ekspertstyrede regime dig ro
og håb
Forbud
Udskam
Dø i ensomhed, hvis du ikke lytter
Hvem er klogest
Hvad er rigtigt, hvad er forkert
vi ved det ikke
men vi marcherer lydigt med afstand på tavse rækker

Kardinaldydernes løkke

Overlevelsesinstinktet er overtaget
af vores selvrealiserende stress
Stress over den evige selviscenesættelse
Den hykleriske lykkefremstilling
der æder vores kroppe og sind
med stress, angst og afmagt
Afmagtens stemme, der kvæler os
langsomt i depressionsløkken

Visdom
Men hvad er den rigtige opfattelse
Mådehold
Men hvad er selvdisciplin
Mod
Men hvad er det i livet
hvad er det i dødens goder
Retfærdighed
Er det din, min eller vores

Krisen tvinger os ind i roen
Det kan give så mange svar
Hvis vi med mod tør kigge indad
Når vi på retfærdig måde selverkender
hvad der betyder noget
Roen i det rette mådehold giver lys
Da har vi fundet nøglen til vores
egen uudtømmelige rigdom
Jeg mærker lykken stramme

Pause

Pandemien har sat verden på kollektiv pause
Menneskehedens eftersidning
Verdensledernes ansvarlighedstest
Pandemien har givet den gispende klode en åndepause
Menneskehedens tænke- og føle-karantæne
Pandemien har menneskeliggjort eksperterne
Menneskeheden mærker angstens og tvivlens skygge
Pandemien viser politikernes famlende
vælgermanipulation
Menneskehedens selvudslettende egoisme ses

Frygtens spændetrøje

Tvangslukning
Tvangsvaccine
Tvangsisolering
Tvangsindlæggelser
Tvangsbehandling
Forsamlingsforbud
Politisk fængsel
i demokratiets navn

Husker vi det mon
når solen er gået ned

Mor Mette og grædemurens smertelige klarhed

Tårer fra klodens gispende covid-kamp
opsluges af den socialt afstumpede
og hungrende udtørrede menneskemuld
suget ned i tvivlende moderlighed

Som ensomhedens tænksomme isolationscelle
tvinges vores tanker og swipes indad
ind i det sultne ego mig mig mig
som rungende ensomme ekkoer

Mærkes det eller swiper vores koldhed videre
for at passe på mig og jeg ved mest og bedst
Driver opmærksomheds redningskrans
ubrugt videre på det oprørte tårehav

Strømmen er cirkulær
redningskransens insisterende dans
viser håbets varme morgenlys
der bryder kuldens skummende brænding

Mor Mettes statsstyrede ensomheds håndjern
tvinger mig til at lytte
Introvert gør mig opmærksom
Opmærksom på min ekstroverte livsmedicin

Zoomer ind og mærker afstandens nærhed på skærmen
De digitale kram mærkes ikke rigtigt
De manglende kram viser et covilistisk lys
Demokratiets bevidsthed er væk i tågen

Mig mig mig som rungende ekko
dør ud i stilhedens nærvær
Den kolde stilhed
brydes af det flammende håb håb håb

Jeg hungrer, jeg gisper, jeg ser, jeg mærker
jeg drikker klodens håbefulde tårer
som en klarhedens eliksir
Tak, du Covid-smuldrende tryghedscement

Jeg er pissebange

Bange for Coronaen
Bange for COVID-19
Bange for mine nærmeste
Bange for dem, der er langt væk
Bange også for cancerens styrke
Bange for dem, der er fanget i uvisheden
Bange for eksperterne
Bange for udødelighedens død alene

Tavshedens grinagtige skrig

Jeg gør, som jeg vil
Ingen bestemmer i mit hood
Mig mig mig
Forsamlingsforbuddets magtdemonstration

Bryggens forsamlingsprotest
injiceres med politimagt
Dig dig dig
Bødernes menneskefremstilling

Stakkels mor
Stakkels Danmark
Os os os
Stakkels demokrati

Ensomhedens rungende ekko

Lukkede døre
Lukkede vinduer
Hold afstand

Introverthedens ro
Ekstroverthedens uro
Hold afstand

Hårets længde
Musklernes slaphed
Hold afstand

Nærhedens fravær
Stilhedens skrig
Hold afstand

Hudens udsultede alenetid
Erotikkens lukkede mørke
Hold afstand

Afstandsmærkernes nærhed
Ensomhedens kramper
mærkes dybt i mine sociale muskler

Tryghedens hjemløshed

Nærhedens bevidsthedsepidemi
Hvileløs i nattens stilhed
Ensom i dagens tavshed
Livet og dødens ensomhed
Legepladsens stille minestrimmellås
Metroens tavse åbning
Bussernes tomhed
Lufthavnens majestætiske tømte menneskeekko
Blikkenes tomhed
Stemmernes hvisken
Uansvarlighedens tyngde
Ekspertens bøn
Skolernes skrigende tomhed
Lynlovgivningens politiske håndjern
Mediernes trubaduriske angstformidling
Festernes nulpuls
Menneskenes ligegyldighed
Refleksionens indre nydelse i jegets rolige lys

Jeg er vågnet i en anden verden

Alene i tavshedens lukkede byer

Jeg går alene
i taknemmelighedens by
Ser at nedslåede blikke
blir til håbefulde venlige blikke
Mundbindene skjuler læberne
men tydeliggør samtidig håbets dybe blikke
Byens parker fyldes
Naturen og samværet på afstand
blir vores nye håb
Vi ser og mærker det grønne
Fjolsbogen fyldes med blå himmel
de gode historier om kloden nu kan ånde
De fremmede mennesker
også dem uden hunde
i Frederiksberg Have samtaler
Samtaler om de store ting
med skjulte håb og ordets kram
stille mellem de tilstedeværende linjer
Er covid-19 klodens injektion
i vores fortravlede materialistiske verdensorden
Kanylen der vrider os med dagens respiratortal
ud af vores fortravlede selviscenesættende ego
4. maj og lysene vågner i vores bevidsthed efter 75 år
Forskellen mærkes mellem tragedie og krise
Vores zombi-egoer mærker frygtens styrke
Religionens stemme blir igen til næstekærlig styrke
krigenes stemmer slukkes for en stund

Vi har ødelagt en verdensorden
måske kan vores taknemmelige bevidsthed skabe en ny
Vaccinens magt er det håb
eller menneskehedens nye religion
Vi venter på afstand

Anamysterisk epidemiologi

10-05-2020
4.181.077 smittede heraf er 283.868 døde
Lille Danmark klar til fase 2
529 døde
301 mænd
228 kvinder
196 indlagte
40 på intensiv
33 i respirator
10.429 registreret smittede
101 ny-smittede
317.834 er blevet testede
8.093 overståede infektionen
1 meter
R tallet er hemmeligt
Hvem tæller

De grønne bænke

Uroen og tankernes myldrende greb
Fast om mit rodede sind
Som boblende gær i mine følelser
Du favner mig

Jeg nyder din rolighed
Du giver mig muligheden
for at læne mig tilbage
Jeg finder roens tavse hvile

Tryghedens baser
Jeg mærker byens puls
Rundt i byens grønne oaser
Jeg kommer i samtaler

Du er den stærke lim
når jeg vender hjem
Du er mit styrende kompas
I denne pandemiens tænkepause

Du lader mig betragte
Du lader mig tænke
Du giver mig nysgerrighed
Du gør mig usynlig

Du pryder og inspirerer
Jeg mærker
Du forløser mine tanker
Jeg er hjemme i din rolige favn

LIVETS
eksistentialitet er lige så enkel som
KÆRLIGHEDEN
DØDEN
& HÅBET

Skal jeg springe

På kanten...
af kærlighedens afgrund
Jegets utilstrækkelige ego
min uperfekthed

Samfundets sammenbrud
egoets endelige nedbrud
Politikernes altødelæggende uvidenhed
epidemiens ustyrlige vej

Medicinens utilstrækkelighed
i indsigtens selverkendelse
Livets dybe lykke
livets mening

Det er netop DET, der får mig til at beskue afgrunden
frem for at træde et skridt frem

Når livet kysser med boksehandsker

Til tælling i en tåge af frustration og smerte
Hænger vaklende i livets gyngende tove
synet er diffust
Benene kan næste ikke bære
Fornemmer smerten da næste slag rammer
som et brusende godstog
Venter på den befriende gong gong
alt er tåget
Når ikke i ringhjørnet før stødet rammer det mentale
mellemgulv
Bukker sammen som til bøn
Knæene rammer som smæld i følelsescanvas

At mærke livets smerte er at leve
Gør mig klar til næste slag med tro, håb og tillid

Upgrade

Jeg lytter
Jeg mærker det ikke
At erkende
Jeg lytter
Jeg ser det ikke
At lære
Jeg lytter
Jeg hører det ikke
At forstå
Jeg lytter
Jeg høres ikke
At blive klogere
Jeg lytter
Det mærkes ikke
At blive klogere
Jeg lytter
Jeg vokser
At tilgive

At ændre er at være

Min bedste ven

Dit blik
Dit ubetingede tilstedeværende nærvær
Din rolige puls
Din insisterende kærlighed
Dit kloge sind
Dine dybe øjne
Du gav os så meget og tog så lidt
Bånd der knyttes uden stemmer
Gensidig tillid og ubetinget troskab
Hvor kunne mennesker lære så meget

Tryghedens smuldrende cement

Kærlighedens spanskrør i livets skole
De røde mærker blir til blå
ved hjælp af sorgens vej
Mærker der langsomt forsvinder
had og afmagt blir til selvindsigt
der igen flænser sårene
Mærker og blødende sår
bliver til lærdommens ar
Givet og taget i grænselandet
midt mellem had og kærlighed
Hadet viser vores inderste utilstrækkelighed
Kærligheden gør mennesket

Kærlighedens lejrbål

Smertens utilgivelige følelsesdans
Frustrationens tændvæske
Som den knitrende ild, der langsomt slukkes
Kedsomhedens ligegyldige dug lægger sig på gløderne
Forvandlingens time er kommet
Smertens damp forvandles til opstigende forløsning
Selvindsigtens smerte danser mit hjertes tango
Puls og taktens asynkrone inferno mærkes
Tålmodmodighedens insisterende nærvær
Nysgerrighedens tilfældige mening
Ud af håbets aftensdis mærkes troen på kjærligheden

Kærlighedens biologi

Fravalg blir til tilvalg
i smertens ulidelige mørke
Når cementen ikke længere holder
på kærlighedens fundament

Genernes biologi står ikke alene
Taknemlighedens lys
er dybt når hjerter brydes
samtidig med hjerters bånd
også vises som blodets brusen

Blodets biologi står ikke alene
Angsten for at miste
midt i det tabte giver lys
Stråleglans af håb i det iskolde mørke

At mærkes trods jeg ikke selv mærker mig
mærkes i ubevidsthedens mentale flyttekasser
trods tabets smerte er tung
Mærker kærlighed er mere end blod

Jeres og venners nærhed
viser kærligheden som lyset
stadig kærligt midt i nedbrud
Som det vi burde pleje sammen hver for sig

Det giver styrke til at veksle
vredens negative energi til positiv energi
til at se lykken i det der var og det det gav
Første skridt på den ny vej

Sov sødt barn stor

Som larmende tog
der buldrer gennem det urolige nattesind
Urolige lysglimt lammer positivitetstanker
Mentale kirkeklokker, der flænser nattens larmende
stilhed
Den mentale knitrende emballage
fra sovemedicin bryder afmagtens urolighed
Jeg tæller tæller tæller og tæller.
Fårene har 6 ben
Tankernes roderi får dem til at ramme lågen
ikke springe over
Som stilhedens og tryghedens pude
rammer kysset læberne
en stille injektion
af kærlighedens beroligende dyne

Kjærlighed ved første swipe

Roens plaster på tavshedens gabende sår
Hjerte rimer på smertens puls
Skyld skam sorg
Ro tænksomhed ansvar

Styrke i at mærke
Ikke alene i tosomheden
Tvivlens altædende mørke
Egoets utilstrækkelige syn

Styrke i at være bange
Ensomhedens smerte veksles
til at se, til at mærke
Tårernes flod skyller sindet

Styrken i accept
Systemisk kaos
Paralyserende handling som medicin
Styrke i at være uperfekt

At mærke følelsens mørke
Giver muligheden for at fornemme lyset
Ændre og mærke forløsende ro mærke mig
Styrken i at tro

Forvredet følelse lægges på plads
sten for sten
Fundament til at elske det, der var og kommer
Styrke i at give slip og modtage

Roens fundamentale altgivende magt
Vrede, der veksles til taknemmelighed
Vaklende nysgerrige skridt
Kjærlighedens styrke

Skagens lys

Intenst danser du på væggen
Farvernes indbydende nysgerrighed favner rummet
i fortid i nutid i fremtid viser du lysets magi
Du træder ud
Du træder ind
Ud af lærred
Ind i min bevidsthed
Dit lys skinner på os i en mørk tid
du lader os være i lyset
Mærker håbets lysende kys i dit lys

Tak Anna A

SWIPE

Du møver dig insisterende ind
i toget i Metroen over maden i sengen

En misforstået frihedsfølelse
i det tavse skrig af ukontrollabel ufrihed

Dit fragmenterende selviscenesættende ego
i et swipe-sus som skærmjunkiens umættelige livsfix

Mentale tordenbyger af små informationer
i ubevidstheden, der sprænges ud i bevidstheden

Berøringsfølsomhedens databank
i styring af en tommelfinger

Jegets utilstrækkelighed
i nuets digitale metadon

Dionysos dit røvhul

Du, som i en tid gør afmagt og frygt
til tragisk nydelse
på vej mod misbrugets dybe mørke
Selvmedicineringens fængsel
Børns kinder og sind
mishandles af voksnes frygt
Morskab, passion og vitalitet
blir til afmægtig vold
Du manglede i mytologien
de tragiske aspekter
du sejrer med den
i denne covidiotiske sammenfaldstid
Lad os igen skue
mod dit navn
som morskabens ekstase
gennem vinens passion

Skål, dit røvhul!

Tak

Tak for roen
Tak for ensomheden
Tak for klarsynet
Tak for at lære mig
Tak for at mærke

Tak for at vise, hvad der betyder

Dødens demokrati

Angst og dybt mørke hvorfor
Tilstedeværende levende liv
er smukt og giver døden en mening

Intet lys uden mørke
lad også døden være livets lys
Men pas på, det betyder, du lever nu

Tør du
tør jeg
tør vi gribe livets lys

Som en naturlig del af livets mørke
i den lysende død for enden
af den postkasseblå tunnel

Vi kan dø uden at have levet
men vi kan ikke leve uden at dø
Lev for helvede, til du dør af det!

Dødens (måske) ensomme tomhed

Alene med frygt, alene med håb
alene med smerte, alene med glæde

Tomme hylder, tomme håb
tomme bygninger, tomme mennesker

Tomhedens klare mørke
viser verdens tydelighed skarpt og unuanceret

Alene bag ensomhedens dis
alene bag angstens duggede ruder

Sammenhørighedens tomhed i livet
(aldrig) alene i døden

Tilgiv mig

At leve er at rejse
vi er her som turister
Lad ikke smerten sejre i dit hjerte
vær ikke ked
Husk at nyde livet
gå på sightseeing
Gør gode gerninger
gør det for dig selv først
for at du kan gøre det for andre
Jeg rejser ikke nysgerrig
jeg rejser fuld af liv
Jeg rejser tidligere end andre
jeg rejser med håb og ro ...
også i dødens time
Tilgiv mig
hvis jeg kommer en smule for sent
til min begravelse

#Thx

Til dig for at læse
Til dig for at tænke
Til dig for at dele

Til politikerne
Til eksperterne
Til medierne (minus nogle få)

Til alle vores nye virkelige helte
Til de ældre, der igen måtte ofre
Til vores nærmeste

Til dem, vi elskede
Til dem, vi elsker
Til dem, der vil elskes

Til dem, der tilgav
Til dem, der ikke tilgav
Til dem, jeg tilgav

Til dig, min ven
Til dig, min familie
Til dig, jeg endnu ikke kender

Til DIG for at (sam)tale

Jeg har håb

Jeg har håb for kloden
Håb for menneskeheden
Håb for fremtiden
Håb for dem tættest på
Håb for dem længst væk
Håb for dem, der er fanget
Håb for dem, der kæmper
Håb for troens styrke
Håb for friheden
Håb for kærligheden
Håb for dig, mig og os

Jeg tror på håbet

Min vaccine

Håb, kys og kram
er livets vaccine
mod håbløshedens pandemi
Lad det ske

FRAKLIP

Karantæne-geografi

Sengen
Hvidt brød
Gåtur
TV2 news
Sofa
Netflix
Gåtur
Y-stolen
Ps4
Gåtur
Køkkenstol
Gin og tonic
Gåtur
Køkkenstol
Rødvin
Gåtur
Lænestol
DR2
Sengen
Hold kæft, jeg er træt at toilet-gåturene

Tak for din tid

per aspera ad astra